zoek de vos in het bos

Jørgen H
Tekeningen van Yvonne Jagtenberg

Zwijsen

sep

ik ben sep.
en ik ben zes.
een pak van zus.
een pak met een step.
en een pet met mijn naam.
nog een pak.
een pak met zeep?
oo, nee!
een pak met een reep!
wat een mop.
mmm ... de reep is op.

kijk!
daar is oom.
het is oom met een taart.
het is oom met een kaart.
ik kijk naar de kaart …

sep.
step en zoek.
step naar het bos.
zoek daar de vos.
zoen van oom.

naar het bos

het bos is ver weg.
maar daar is mijn step!
ik pak mijn step.
en mijn pet met mijn naam sep.
dan nog een hap taart.
mmm ... mmm.
en ik step met een vaart.
de weg naar het bos.
op zoek naar de vos.
de vos van de kaart.

een zak aan een tak

ik ben in het bos.
ik zit op het mos.
en kijk naar de kaart.
naar de kaart van oom.
zoek een boom met een tak?
een tak met een zak?
ik kijk om me heen.
daar!
een zak aan een tak!
dat is raar.

ik ben in de boom.
dan ... naar de tak.
en ... ik pak de zak.
ik kijk in de zak.
nóg een kaart.
ik kijk.

zoek een steen met een mus.
dan een steen met een bus.
dan een steen met een kruis.
en een steen met een muis.

kijk daar!

waar step ik heen?
kijk daar!
het is een steen met mus.
het is de steen!
steen met mus ... dat is één.
kijk daar!
een steen met bus.
steen met bus ... dat is twee.
op zoek naar kruis en muis.
ik staar en kijk daar!
ik zie kruis.
en ik zie muis.

dan zie ik een tak.
de tak wijst naar een boom.
maar wat is er daar?
is het ... een bos haar?
oe hoe.
is het een uil?
trip trip.
is het een muis?
ik wil naar huis!

een vos bij de boom

maar
is het vos bij de boom?
nee!
het is mijn oom.
mijn oom in een pak.
een pak van een vos.
ik ben de vos, zegt oom.
de vos in het bos.
een vos bij de boom.

de vos zegt hap!
hap hap hap!
wat een grap.
ik lig in een deuk.
met mijn oom bij de boom.
dan op weg naar huis.
op weg naar zus.
op weg naar de taart!

oom de vos rent.
en ik step op mijn step.
met mijn pet met mijn naam.

Raketjes bij kern 4 van Veilig leren lezen

1. de weg naar de maan
Femke Dekker en
Paula Gerritsen
Na elf weken leesonderwijs

2. zoek de vos in het bos
Jørgen Hofmans en
Yvonne Jagtenberg
Na twaalf weken leesonderwijs

3. bep maakt een hut
Anke Kranendonk en
Ingrid Godon
*Na dertien weken leesonder-
wijs*

ISBN 90.276.7796.4
NUR 287
1e druk 2004

© 2004 Tekst: Jørgen Hofmans
Illustraties: Yvonne Jagtenberg
Uitgeverij Zwijsen Algemeen B.V. Tilburg

Voor België:
Zwijsen-Infoboek, Meerhout
D/2004/1919/512